Matemáticas
para
empezar

Vamos a contar en el mercado

Por Amy Rauen

Fotografías de Russell Pickering

Consultora de lectura: Susan Nations, M.Ed.,
autora/consultora de alfabetización/consultora de desarrollo de la lectura
Consultora de matemáticas: Rhea Stewart, M.A.,
especialista en recursos curriculares de matemáticas

WEEKLY READER®
PUBLISHING

Please visit our web site at www.garethstevens.com
For a free color catalog describing our list of high-quality books,
call 1-800-542-2595 (USA) or 1-800-387-3178 (Canada). Our fax: 1-877-542-2596

Library of Congress Cataloging-in-Publication Data available upon request from publisher.

ISBN-13: 978-0-8368-8991-8 (lib. bdg.)
ISBN-10: 0-8368-8991-6 (lib. bdg.)
ISBN-13: 978-0-8368-8996-3 (softcover)
ISBN-10: 0-8368-8996-7 (softcover)

This edition first published in 2008 by
Weekly Reader® Books
An Imprint of Gareth Stevens Publishing
1 Reader's Digest Road
Pleasantville, NY 10570-7000 USA

Copyright © 2008 by Gareth Stevens, Inc.

Senior Editor: Brian Fitzgerald
Creative Director: Lisa Donovan
Graphic Designer: Alexandria Davis

Spanish edition produced by A+ Media, Inc.
Editorial Director: Julio Abreu
Chief Translator: Luis Albores
Production Designer: Phillip Gill

Printed in the United States of America

1 2 3 4 5 6 7 8 9 10 09 08 07

Nota para los maestros y padres

¡La lectura es una gran aventura para los niños jóvenes! Comienzan a asociar la palabra hablada con la palabra impresa y a aprender la direccionalidad y las convenciones de texto impreso, entre otras habilidades. Los libros que son apropiados para los lectores principiantes incorporan estas convenciones a la vez que los informan y entretienen.

Los libros de la serie de *Matemáticas para empezar* están diseñados para apoyar a los lectores jóvenes en las primeras etapas de alfabetización. A los lectores les encantará observar las fotografías e ilustraciones a todo color mientras desarrollan las habilidades en los conceptos básicos de matemáticas. Esta integración permite que los niños jóvenes aprovechen al máximo de lo que aprenden mientras ven cómo las ideas y los pensamientos se conectan a través de diferentes materias.

Además de servir como excelentes libros visuales en las escuelas, las bibliotecas, y los hogares, los libros de *Matemáticas para empezar* tienen el propósito específico de ser leídos en pequeños grupos de lectores dirigidos por el maestro. En los pequeños grupos, el maestro u otro adulto proporciona la instrucción que ayude al joven lector a mejorar su lectura. Tanto los niños como los adultos encontrarán que estos libros de apoyo son fascinantes y divertidos.

Susan Nations, M.Ed.
autora/consultora de alfabetización/consultora de lectura

¡Estamos en el mercado!

Podemos contar.

12

Cuento 12 sandías.

15

Cuento 15 papas.

17

Cuento 17 limones.

20

Cuento 20 manzanas.

23

¡Mira! Cuento 23 zanahorias.

25

Contamos 25 naranjas.

30

Cuento 30 cerezas.

¡Nos divertimos!

Glosario

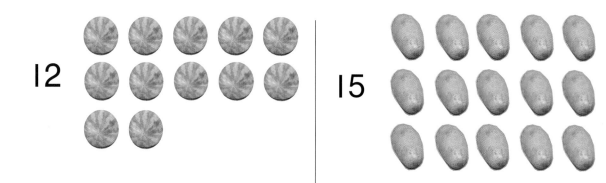

12

15

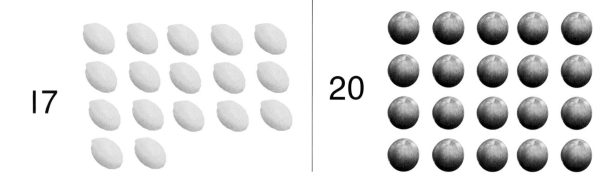

17

20

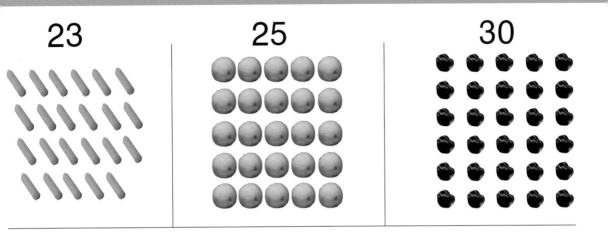

| 23 | 25 | 30 |

Muestra lo que sabes

1. Cuenta las fresas.

2. Cuenta los plátanos.

3. Cuenta a los estudiantes en tu clase.

Más información

Crayola® Counting. I Can Do Math (series).
Rozanne Lanczak Williams (Gareth Stevens)

Ants at the Picnic: Counting by Tens.
Know Your Numbers (series).
Michael Dahl (Picture Window Books)

Sobre la autora

Amy Rauen es la autora de más de una docena de libros de matemáticas para niños. También diseña y escribe software educativo. Amy vive en San Diego, California con su esposo y dos gatos.